# MARIA

## MÃE, CATEQUISTA E MISTAGOGA

Humberto Robson de Carvalho

# MARIA

## MÃE, CATEQUISTA E MISTAGOGA

EDITORA
SANTUÁRIO

Direção editorial: Pe. Fábio Evaristo R. Silva, C.Ss.R.
Pe. José Luís Queimado, C.Ss.R.
Conselho editorial: Cláudio Anselmo Santos Silva, C.Ss.R.
Edvaldo Manoel Araújo, C.Ss.R.
Ferdinando Mancilio, C.Ss.R.
Gilberto Paiva, C.Ss.R.
Marco Lucas Tomaz, C.Ss.R.
Victor Hugo Lapenta, C.Ss.R.
Coordenação editorial: Ana Lúcia de Castro Leite
Copidesque e Revisão: Kalima Editores
Diagramação: Kalima Editores
Capa: Ricardo Miranda
Maria Mãe da Igreja – Acrílico em papel A3 – Ícone escrito por Antônio Batista/2021.

**Dados Internacionais de Catalogação na Publicação (CIP) de acordo com ISBD**

C331m Carvalho, Humberto Robson de

Maria. Mãe, catequista e mistagoga / Humberto Robson de Carvalho. - Aparecida : Editora Santuário, 2023.
80 p. ; 14cm x 21cm.

ISBN: 978-65-5527-296-3

1. Religião. 2. Teologia. 3. Mariologia. 4. Igreja católica. I. Título.

CDD 230
2023-404 CDU 23

**Elaborado por Odilio Hilario Moreira Junior - CRB-8/9949**

**Índice para catálogo sistemático:**
1. Teologia 230
2. Teologia 23

2ª impressão



Rua Pe. Claro Monteiro, 342 – 12570-045 – Aparecida-SP
Tel.: 12 3104-2000 – Televendas: 0800 - 0 16 00 04
www.editorasantuario.com.br
vendas@editorasantuario.com.br

## AGRADECIMENTOS

Aos meus pais, meus primeiros catequistas;
a todos os catequistas
e aos amigos colaboradores:
Caio Henrique Esponton
Pe. Jair Marques de Araujo, sdb
Marlene Maria Silva

*In memoriam*

Antônio Honório de Carvalho
Alfredo Maria Carvalho
Anna Nilza Trombella Barros
D. Claudio Hummes
Pe. Gaetano Tarquizio Bonomi
D. Joel Ivo Catapan
D. Joaquim Justino Carreira
Pe. Marco Eduardo Jacob Silva
D. Paulo Evaristo Arns
Pe. Reinaldo Emílio
Valdyr Antônio Barros

# Sumário

# Apresentação

Conforme os relatos do livro sagrado do Gênesis, logo após a queda de Adão e Eva, Deus proclamou uma promessa: iria recuperar a humanidade decaída e uniria novamente a si a humanidade que dele se afastou pelo pecado. Por isso, enviaria o Salvador, seu Filho unigênito. Na criação, a humanidade teve uma mãe: Eva, a mãe de todos os viventes. Ao realizar a restauração da humanidade em Jesus Cristo, Deus escolheu aquela que é a mãe da nova humanidade em Cristo: Maria. Por pura eleição divina, por livre escolha de Deus, por seus desígnios redentores ele visitou e constituiu Maria a mãe do Messias, Jesus Cristo. Com ela, Deus inicia o cumprimento de sua promessa. A mulher pobre de Nazaré, a cidade esquecida da Galileia, é envolvida nos desígnios de Deus. Com seu sim, mergulha no mistério de Deus que a ela se revela e lhe confere um lugar único e permanente na história da humanidade: ser a mãe de Cristo e, por causa dele, ser a mãe da humanidade renovada por ele.

O autor deste livro reflete sobre a beleza dessa escolha de Deus, que mudou os rumos da história da humanidade, servindo-se de sua "humilde serva", e as consequências dessa eleição divina para a compreensão do papel de Maria na vida dos discípulos de Jesus e da Igreja. O autor capta os detalhes desses significados marianos e conjugam a pessoa de Maria com a identidade e a missão da Igreja, com a educação da fé e com a mistagogia. Maria abraçou o mistério de Cristo e, antes mesmo de concebê-lo em seu seio, o concebeu pela fé, sendo a primeira que nele acreditou, sendo, portanto, a mãe de todos os crentes. Como mãe de todos os que creem no Cristo ela exerce a maternidade eclesial que lhe foi conferida por Deus, desdobrando-se em gestos, atitudes de serviço, de humildade, de silêncio, de pobreza, de ativa abertura e reflexão diante do mistério divino que toca sua vida. Como mãe, zela e cuida do povo de Deus. Como mãe, educa à fé, demonstrando fé viva e operante.

Como mãe que mergulhou no mistério de Cristo e da sua Igreja, toma pela mão os discípulos do Senhor e os introduz no Mistério de seu Filho e da Igreja, ajudando-os a viver, celebrar e contemplar o Cristo na vida, sob os signos da fé, da esperança e da caridade que permeiam as vicissitudes da existência e abrem os discípulos ao chamado de serem para o mundo as testemunhas de Jesus ressuscitado. Maria, centro da ternura, da devoção, do amor e do carinho do povo de Deus, interceda por todos os seus filhos e filhas, especialmente pelos que são catequistas, para que, ao longo da leitura deste livro, acompanhados pela mãe de Jesus e da Igreja, compreendam melhor sua vida cristã, sua vocação e seu ministério e ajudem tantos outros a "fazer tudo o que

Ele vos disser" (Jo 2,5), sendo mistagogos que colaborem para que todos encontrem a beleza e a grandeza da vontade de Deus para cada um de nós nos diversos contextos do mundo e da vida.

D. Sérgio de Deus Borges
Bispo diocesano de Foz de Iguaçu

# Introdução

A devoção mariana é um fato consolidado na vida da Igreja, especialmente na América Latina e no Brasil. Maria está estreitamente relacionada com os aspectos culturais, sociais e celebrativos do povo de Deus, tornando-se um modelo da fé popular. A devoção à Mãe de Jesus se desenvolve no encontro entre a fé popular em suas múltiplas expressões e a teologia que a interpreta e dela provém. Ao falar sobre a missão de Maria para a fé e a reflexão eclesial, é necessário ter em conta alguns pontos básicos capazes de esclarecer as questões próprias da mariologia em seus aspectos teológico, pastoral e popular.

No que se refere à teologia, Maria é um símbolo fundamental na estrutura da própria revelação, entrando em diálogo com a teologia da revelação, a cristologia e a eclesiologia. Não se pode pensar teologicamente a pessoa de Maria sem se considerarem os aspectos de sua personalidade narrada pelos Evangelhos que refletem diretamente sobre a revelação, a pessoa de Jesus e a Igreja. É importante considerar a compreensão que o Concílio Vaticano II deixou ao acrescentar o tratado sobre Maria na Constituição *Lumen Gentium*, na conclusão da reflexão conciliar sobre a Igreja. Maria, para o Concílio, foi compreendida como um modelo da Igreja, devendo ser pensada teologicamente não mais como uma pessoa isolada do conjunto da teologia.

Do ponto de vista pastoral, Maria é pensada e celebrada como exemplo de ação, como uma pessoa capaz de educar na fé os seguidores de Jesus, o seu filho. Na mesma linha do pensamento conciliar que vê em Maria o modelo da Igreja, pastoralmente, ela se torna exemplo de evangelização. A maioria dos documentos papais é concluída fazendo alusão à Virgem Maria, uma vez que a reflexão da Igreja sempre encontra resposta na pessoa de Maria. A espiritualidade mariana recorda características de serviço, silêncio, discrição, cuidado e ternura, fundamentais para que o trabalho pastoral não se reduza a um ativismo vazio, mas consiga encontrar sentido na experiência de Deus, da qual Maria aparece como modelo de vida cristã.

Em relação à devoção popular, Maria se apresenta como a fonte de diversas devoções que produzem por si mesmas algumas reflexões teológicas na tentativa de se justificarem. É importante ressaltar que a devoção e a teologia popular, muito mais que estarem alinhadas ao edifício teológico-dogmático sólido e complexo da teologia oficial, nascem da relação afetiva estabelecida do povo com a Virgem Maria. As aparições, as revelações, os milagres, as romarias, as promessas, os sinais materiais e litúrgicos, que estão relacionados à devoção popular e sua teologia própria, sinalizam muito mais a relação de ternura para com Maria do que propriamente uma compreensão adequada de seu papel no conjunto da história da salvação e na vida de fé da Igreja. É preciso olhar essas devoções com bondade e ternura e admirar a profundidade e a beleza da fé popular, em vez de se fazer análises teológicas rigorosas.

Refletir sobre a Virgem Maria levando em consideração os dados teológicos, pastorais e populares é um estudo abrangente. Há um aspecto fundamental que percorre esses três dados e que exige a elaboração de reflexões cuidadosas e aprofundadas: a pessoa de Maria e sua relação com a educação da fé. A educação da fé está relacionada com vários tratados teológicos e catequéticos. A fé, compreendida como um processo dinâmico que culmina no encontro com a pessoa de Jesus, em seu mistério revelado e ao mesmo tempo inesgotável, supõe um itinerário que inclua as suas múltiplas perspectivas. Pensar o caminho de educação da fé sob a perspectiva mariana é de fundamental importância, para que se levem em consideração os aspectos sensíveis, femininos, emotivos e afetivos na compreensão da fé.

Este livro pretende apresentar uma reflexão teológica que pense a educação da fé a partir de Maria tomada como modelo materno da educação e do acompanhamento dos fiéis em seu processo de encontro pessoal com Jesus Cristo.[1] A dogmática ao redor de Maria será considerada em suas implicações pastorais e catequéticas, não tanto em sua profundidade teológica. Para uma teologia que leve em consideração a relação afetiva filial que o povo de Deus estabeleceu com Maria, a dogmática deve ser repensada sob nova ótica, considerando que, para além das razões logicamente instituídas e ordenadas, está a razão do coração, que não se-

1 CNBB. **Catequese Renovada**. Documento 26. São Paulo: Paulinas, 2009, n. 233.

gue o padrão filosófico da formulação dogmática.

O livro está organizado em três pequenos capítulos. O objetivo dele é permitir a todo cristão, sobretudo aos catequistas, um aprofundamento do conhecimento da Virgem Maria como mãe, catequista, isto é, educadora da fé e mistagoga, possibilitando uma revisitação à sua pessoa que pretende expor aquilo que é primordial nos relatos sobre ela: sua disponibilidade sempre humilde, generosa e gratuita ao projeto do Pai. Que ela nos auxilie, nos ampare e nos proteja contra todo tipo de mal e faça de cada um de nós sinais e portadores do amor misericordioso de Deus no meio da sociedade, particularmente dos catequizandos e dos seus familiares. Boa leitura!

# 1. A maternidade de Maria e sua implicação para a fé

Na fé cristã, a importância de Maria se deve à sua maternidade. Ela é venerada e celebrada pelo fato de ter sido a mãe de Jesus. Essa afirmação fundamental esclarece que a reflexão sobre Maria só é possível quando desenvolvida em relação a Jesus Cristo e seu mistério. Não há como pensar a Virgem sem levar em consideração seu Filho. Sendo Jesus o centro da fé cristã, é a partir dele que tudo deve ser pensado. Ele é o critério do ser, pensar e agir cristãos. Não há teologia, celebração ou ação pastoral que sejam autenticamente cristãs se dispensarem da pessoa de Jesus: "a importância de se desenvolver um estudo desse tema provém fundamentalmente do fato de que Maria não é, na vivência da Igreja, uma figura qualquer; é, antes, uma figura central, embora não seja o centro, que é sempre Jesus Cristo".[1] A maternidade de Maria se torna objeto de estudo cristão ao passo que é maternidade de Jesus. Ela é especial na medida em que se relaciona com Jesus; sem ele a sua maternidade não teria tamanha importância e relevância. Jesus é o centro e a razão do nosso ser e existir: "Maria não é o centro da fé; no

1 BOFF, C. M. **Mariologia social**: o significado da Virgem para a Sociedade. São Paulo: Paulus, 2017, p. 18.

entanto, ela tem uma função muito especial na história da salvação".[2] Por ela nutrimos uma filial devoção.

Este esclarecimento prévio é fundamental para que Maria não se veja isolada do conjunto da história da salvação, especialmente do mistério de Cristo que nela se revela. Maria não pode ser pensada como uma pessoa fora do contexto da história humana. Ela é tão humana como nós. Ela tem historicidade: está situada no tempo, no espaço, influenciada pelas tradições históricas, culturais e políticas, capaz de sofrer todas as angústias e de alimentar todos os sonhos comuns aos homens e mulheres de todos os tempos. Maria é uma pessoa como todas as outras. A condição humana dela não pode ser esquecida. Maria é capaz de revelar elementos profundos e fundamentais do mistério divino que se apresenta à humanidade.

A humanidade de Maria coloca em evidência algumas características de sua personalidade que se constituem elementos importantes para pensar a fé. Maria fala de Deus a partir de sua condição humana. É impossível falar de Maria sem levar em consideração sua condição existencial feminina. Ela é mulher, está submetida a todas as implicações sociais e religiosas construídas em relação ao gênero feminino: "Maria é a mulher por excelência porque, com os dons e os dotes da sua feminilidade, participa ativamente do projeto redentor divino para a humanidade". [3]

Segundo o teólogo latino-americano Gustavo Gutiérrez, o fato de Maria ser mulher coloca-a como uma pessoa du-

---

2 CARVALHO, H. R. **Espiritualidade do catequista**. São Paulo: Paulus, 2022, p. 121.

3 DEL GAUDIO, D. **Maria de Nazaré**. Breve Tratado de Mariologia. São Paulo: Paulus, 2016, p. 28.

plamente sofrida, uma vez que, sendo mulher e pobre, Maria representa a maioria das mulheres de classes inferiores que vivem confinadas a tarefas domésticas ou a trabalhos pouco remunerados. A condição feminina, vivida por Maria e pelas mulheres da história, expressa o constante desprezo da cultura machista. Há uma discriminação estrutural em relação ao feminino.[4]

Essa discriminação estrutural em relação à mulher foi sentida e vivida por Maria em sua condição social. Por vezes, a exaltação da maternidade de Maria esconde aquilo que provavelmente tenha ocorrido nas entrelinhas da história. Maria engravidou antes do casamento. Uma mulher solteira e grávida, no contexto histórico-cultural daquele tempo na Palestina, significava olhares desconfiados, um correr maldoso das línguas que certamente atribuíram a Maria adjetivos e qualificações que são lançados a mulheres consideradas de pouco valor pela moral. O fato de José pensar no abandono de Maria antes do casamento revela que a maternidade dela não foi tão romântica quanto aquilo que é retratado pela devoção popular.[5] A maternidade de Maria, além de sublime, é também dramática e contém em si o drama de tantas mulheres grávidas antes do casamento ou destinadas a criar os filhos sem a presença paterna.

O renomado escritor português José Saramago em sua obra O "Evangelho segundo Jesus Cristo", logo nos capítulos iniciais, oferece um relato a respeito da vida e da gestação de Maria. Apesar de se tratar de uma obra de ficção, carrega em suas entrelinhas vários aspectos essenciais da condição social e cultural da maternidade em uma aldeia

---

4 GUTIÉRREZ, G. O Deus da vida. São Paulo: Loyola, 1994, p. 211-213.

5 BALTHASAR, H. **Maria para hoje**. São Paulo: Paulus, 2019, p. 11-12.

como Nazaré, no primeiro século da era cristã.[6] A ficção também colabora para a reflexão teológica quando permite que temas religiosos sejam pensados de maneira diferente, imaginários e ao mesmo tempo profundamente marcados pela beleza que interpela a fé a pensar a partir de uma outra mentalidade. A relação entre os conhecimentos da teologia e a arte literária provoca aquilo que há de mais fundamental na própria teologia: uma experiência profunda de Deus que é pensada, mas que anteriormente é sentida no íntimo de cada pessoa.[7]

A experiência de Deus que define Maria e sua maternidade é revelada por outro aspecto que deve ser levado em consideração: a maternidade de Maria, segundo a tradição da Igreja, dá-se á a partir da disponibilidade desta jovem em acolher o projeto de Deus. Maria é aquela que acreditou. A fé de Maria que é um dado importante para a sua relação com Deus e sua maternidade, não pode ser pensada como uma fé madura, capaz de encontrar todas as respostas. A fé da Virgem Maria, é também um caminho processual que pouco a pouco vai encontrando respostas e se defrontando com dúvidas cada vez mais dramáticas. A maternidade de Maria, apesar de estar estritamente relacionada à sua fidelidade, é também um momento dramático de sua história, na qual a fé supõe uma entrega radical, que aos poucos é amadurecida e fortalecida.[8]

---

6 SARAMAGO, J. **O evangelho segundo Jesus Cristo**. São Paulo: Companhia das Letras, 2005, p. 14-50.

7 CAPELLI, M. **Por uma teologia ficcional**: a (des) construção teológica na reescrita bíblica de José Saramago.Tese de Doutorado em Teologia. Pontifícia Universidade Católica do Rio de Janeiro. Rio de Janeiro, 2017, p. 31.

8 GUTIÉRREZ, G. O **Deus da vida**, 1994, p. 221.

O crer de Maria é exemplar para a fé, pois a aceitação do projeto do Pai é capaz de gerar e de promover a vida. A fé que é disponibilidade ao projeto de Deus é também lugar fecundo, espaço para que se possa gerar vida. Ao contrário do que por vezes se pensa, a fé que aceita o projeto do Pai na humildade e na disponibilidade não é uma fé passiva, mas é um movimento ativo do coração que deseja assumir conscientemente sua missão diante de Deus. O fato de Maria acreditar não a isentou de questionar, de desejar o esclarecimento por parte de Deus daquilo que lhe era confiado. Maria assume um compromisso que a coloca como participante ativa na história da salvação.[9]

A maternidade de Maria recorda ainda uma outra característica de sua personalidade que atinge diretamente a reflexão e a fé cristãs: Maria acreditou e assumiu o compromisso de ser mãe do Salvador devido à sua humildade. A humildade é a virtude mais exaltada pelos teólogos ao falar de Maria. Ela é o sinal mais completo da vivência humilde, simples, discreta, capaz de se abrir ao projeto de Deus e assumir suas responsabilidades diante dele sem, porém, almejar para si nenhum tipo de privilégio ou poder. A humildade de Maria é, sem dúvida, a sua característica mais singular. Ela é mãe do Salvador e ao mesmo tempo servidora de todos aqueles que a rodeiam.

A humildade de Maria pode ser lida a partir da visao que ela tem de si mesma, que é uma interpelação direta à essência do cristianismo. Maria não se via como alguém especial. A autocompreensão de Maria é expressa em seu canto, o *Magnificat*, quando ela exalta a capacidade de Deus de olhar para aqueles que ninguém olha, os pobres, os humildes, os

9 Ibid. 223.

escravos. A humildade é marcada pelo seu caráter de insignificância. Deus olha para estes pequenos de modo especial. Ele não escolheu uma rainha para ser mãe de Jesus, mas uma mulher pobre de Nazaré. O reconhecimento da graça divina que age sem merecimento por parte do humano é um ponto fundamental para se pensar a fé com maturidade. Aquilo que é gerado enquanto fruto de uma experiência de fé não é resultado de uma conquista, mas do olhar bondoso de Deus à pequenez de cada ser humano e à ação de sua graça que é capaz de tornar o pequeno grande.[10]

A humildade da Virgem Maria está relacionada à sua pobreza. O ambiente eclesial contemporâneo, dadas suas múltiplas manifestações e reflexões, tem sentido um certo preconceito em relação à categoria "pobre". A teologia das décadas de 1970 e 1980 na América Latina, seguindo as opções realizadas por Medellín e Puebla, enfatizaram com vigor a opção preferencial pelos pobres. Para que se compreenda adequadamente a questão da pobreza e descubra nela elementos centrais, sem os quais não se pode pensar e viver a fé em Jesus Cristo, faz-se necessário esclarecer o que significa "pobre" e qual sua relação com a pessoa de Maria no pensar da fé.

Há, por parte de algumas pessoas, uma certa rejeição a qualquer menção aos pobres. Entretanto, como ressaltou o papa Francisco, a pobreza está no centro do Evangelho. Ela não pode ser comparada a um discurso ideológico.[11] A pobreza está relacionada a uma condição antropológica.

---

10 LUTERO, M. **Magnificat**: o louvor de Maria. Aparecida: Editora Santuário; São Leopoldo: Editora Sinodal, 2015, p. 45.

11 FRANCISCO. Explorar o trabalhador é pecado mortal. Homilia proferida no dia 5 de maio de 2018. Disponível em: https://www.vaticannews.va/pt/papa-francisco/missa-santa-marta/2018-05/papa-santa-marta-exploracao-trabalho-pecado-mortal.html . Acesso em: 4 jan. 2023.

Deve ser pensada em sua incidência sobre o ser humano e as condições de privação a que ele é submetido. Ao refletir sobre o pobre, a teologia não se restringiu a aspectos econômicos, mas observou a pobreza em sua múltipla manifestação, como carência de bens econômicos e dignidade social, mas também como carência espiritual e compromisso com a promoção da justiça. A pobreza não é uma simples realidade social, mas é uma condição antropológica que aprisiona o ser humano em sua integralidade a uma realidade de sofrimento e carência.[12]

Maria se enquadra na categoria "pobre". Ela é uma mulher de Nazaré, um lugarejo pouco valorizado nas tradições religiosas e políticas no tempo em que ela viveu. É uma mulher jovem, prometida em casamento e grávida antes de conviver com o marido. Ela é representante daqueles que os Evangelhos afirmam que dependem dos outros para sobreviver; que vivem uma condição de pobreza extrema, pensada na ótica de Jesus, a partir da oposição entre os famintos e os saciados, entre aqueles que não possuem inteligência e aqueles que vivem a lei, sentindo-se no direito de renegar os outros a uma condição inferior.[13] Relegar Maria à condição de pobre torna-a símbolo daqueles que lutam para superar a pobreza e viver uma vida mais digna.

A devoção popular demonstra com muito desempenho a relação entre Maria e os pobres. As aparições marianas, frequentemente veneradas, colocam-na sempre diante dos pobres. Nossa Senhora de Guadalupe não pode ser separada de Juan Diego, um indígena mexicano, a quem a Vir-

---

12 GONÇALVES, P. S. L. **A relação entre Antropologia e Teologia em perspectiva libertadora**. São Paulo: Recriar, 2020, p. 50.

13 GUTIÉRREZ, G. **O Deus da vida**, 1994, p. 150-151.

gem se mostra. Nossa Senhora de Fátima se revela aos pobres pastorinhos portugueses. Nossa Senhora Aparecida adquire o aspecto negro, realiza milagres com escravos e está presente nas casas e orações dos lugares mais escondidos do Brasil. A própria devoção popular exalta a pobreza de Maria ao senti-la em sua ternura e cuidado para com os frágeis do mundo. As festas marianas recordam essa proximidade de Maria com aqueles que são considerados fracos. A devoção mariana é especialmente mantida por mulheres, muitas delas vivendo em condições pouco dignas social e economicamente.

A reflexão sobre a maternidade de Maria atravessa os aspectos acima mencionados, implicando para a fé algumas questões e exigindo algumas posturas. A maternidade de Maria pensada em relação a Jesus Cristo convoca a Igreja a colocar no centro de sua fé a pessoa de Jesus em sua historicidade, em sua qualidade de pessoa que viveu e apresentou Deus no centro da história humana, estabelecendo morada no mundo. Teologicamente, pensar Maria e sua maternidade em relação a Jesus Cristo torna necessário compreender novamente as características humanas da relação entre Maria e o Filho e nessa humanidade radical perceber a presença de Deus na história.

Pastoralmente, a maternidade de Maria em relação a Jesus pede às comunidades que não criem devoções estéreis e vazias, mas que sejam honestas no manter sempre conjugados a Mãe e o Filho. Em relação à devoção popular, a maternidade de Maria recorda a ternura e o cuidado que são aspectos necessários à Igreja, que criam comunidades cristãs capazes de experimentar a fé com os sentimentos: "Há muito a aprender na religiosidade mariana, o que supõe respeito à cultura, discernimento na busca de Deus presente na piedade popular e condução de todas as práticas religiosas ao Mistério Pascal".[14]

A condição feminina de Maria também apresenta múltiplas questões a serem colocadas para os cristãos e para a própria Igreja em sua institucionalidade. Pensar a condição feminina de Maria significa compreender quais são os desafios e as perspectivas e qual é o lugar e o papel da mulher na sociedade contemporânea: "Em Maria, o Evangelho penetrou a feminilidade, remiu e exaltou-a, dignificando extraordinariamente a mulher. Maria é bendita entre todas as mulheres."[15] Maria, percebida como mulher, pensada teologicamente como mulher, deixa transparecer o lado feminino da fé que não pode ser esquecido. O pensamento teológico não pode operar exclusivamente em termos masculinos ou se estruturar a partir de qualidades estritamente masculinas. Na reflexão sobre a fé há uma necessidade cada vez mais urgente de se deixar brotar a afetividade, a emoção, a ternura. A feminilidade de Maria é uma feminilidade que se expressa na devoção de mulheres, muitas vezes marcadas pelo sofrimento da vida, que se apegam a Maria como meio para se sustentar interiormente diante dos desafios que são chamadas a viver.

Retomando a reflexão de Gustavo Gutiérrez, pensar Maria como mulher implica uma valorização da mulher na Igreja, na abertura de espaço para que a mulher tenha lugar, voz e vez. A mulher tem maior sensibilidade ao sofrimen-

---

14 CNBB. **Comunidade de comunidades**: uma nova paróquia. A conversão pastoral da paróquia. Brasília: Documentos da CNBB 100. Brasília: 2014, n. 280.

15 CNBB. Catequese Renovada, n. 236.

to e é capaz de contribuir no compromisso da Igreja com os mais fracos, dadas suas próprias experiências como mulher.[16] Em relação à devoção popular, Maria como mulher figura dentre as principais causas da presença feminina na liderança dos ritos, celebrações e peregrinações marianas: "A piedade popular celebra os mistérios da vida de Jesus Cristo, sobretudo sua paixão, reverencia com ternura a Mãe de Deus, os mártires e os santos, reza pelos defuntos".[17]

A atitude de acreditar é a característica principal na constituição da personalidade da Mãe de Jesus. Ela é a mulher que acreditou. Acreditou porque foi capaz de abrir-se ao projeto de Deus em seu mistério e se deixou tomar pela graça divina que a cobriu com sua sombra. Teologicamente, a fé expressa por Maria no projeto de Deus se deve à sua pertença ao povo de Israel que esperava ansioso a libertação. Ela, ao cantar o *Magnificat*, segundo o relato de Lucas, elabora uma síntese da esperança do povo de Israel em relação ao Messias. Deus não se esquece da miséria e da opressão. Deus vê o sofrimento de seu povo e age.[18] Maria é a mulher da fé. Mulher que contempla o poder libertador de Deus à medida que crê e convoca toda a Igreja a crer, abrindo-se à graça de Deus: "É a discípula cheia de fé, e modelo no seguimento de Jesus".[19] Sob a ótica pastoral, a fé de Maria é uma fé encarnada, que não deixa de estar presente no modo de viver de um povo. Ela não vive uma fé diferente daquela que lhe foi legada pelos pais.

16 GUTIÉRREZ, G. O **Deus da vida**, 1994, p. 213.

17 PONTIFÍCIO CONSELHO PARA A PROMOÇÃO DA NOVA EVANGELIZAÇÃO. **Diretório para a Catequese**. São Paulo: Paulus, 2020, n. 338.

18 Ibid. 229-230.

19 CNBB. **Diretório Nacional de Catequese**, n. 104.

A Igreja está no mundo e tem este mundo como lugar de sua existência.[20] É no mundo que a fé cristã, a fé vivida pela Igreja, se desenvolve. Nele, a devoção mariana encontra ampla recepção e deve ser incentivada como meio para que a experiência de fé destaque a feminilidade e a maternidade com suas características próprias, como a ternura, a sensibilidade e o cuidado. A devoção mariana não é um obstáculo à fé ou um atraso intelectual da reflexão teológica, mas é uma maneira de experimentar a proximidade de Deus com o seu povo.

A humildade de Maria é também um elemento constitutivo de sua maternidade e implica diretamente o centro da vida cristã. A virtude da humildade é exaltada pelos cristãos desde os primórdios. Ela é tida como uma virtude que ajuda o ser humano a reconhecer a sua pequenez diante da grandeza e da misericórdia de Deus. As teologias mais próximas de Santo Agostinho enfatizam a humildade como resultado do reconhecimento do ser humano de sua natureza de criatura. Reconhecendo a sua condição de criatura marcada pelo pecado e pela fragilidade, o ser humano é chamado a viver humildemente, e a encontrar a plenitude almejada em Deus.[21]

A virtude da humildade, pensada pastoralmente, é uma proposta para que a Igreja e as comunidades cristãs tenham sempre em mente a preferência de Deus pelos pequenos. Tenham presente que a ação da Igreja é uma ação que nasce dos pequenos e a eles se direciona. A hu-

---

20 METZ, J. B. **Teologia do mundo. Lisboa**: Moraes Editora, 1969, p. 55.

21 ESPONTON, C. H. Mística e condição de criatividade: uma leitura do Livro X das Confissões de Santo Agostinho. In: **Colóquio internacional**: além das filosofias continentais e dos cristianismos coloniais. Campinas. Anais do PPGCR da PUC-Campinas, V. 5, 2022, p. 134-135.

mildade é o critério que deve reger o pensar e o agir da Igreja para mantê-la distante dos poderes que querem instrumentalizá-la. Em relação à devoção popular, a humildade de Maria se apresenta como uma característica típica daqueles que se colocam a serviço, se mostram disponíveis a colaborar com a Igreja em sua missão. Maria venerada como a serva humilde e generosa se torna modelo para o cristão em sua vida diária, chamado a aceitar com amor a missão que lhe é confiada.

A maternidade de Maria relaciona-se com a fé da Igreja ao ser pensada a partir da condição na qual Maria está inserida. Ela se encontra no conjunto de pessoas consideradas "pobres". Ela não pertencia a nenhuma estirpe real, não vivia em uma cidade grande e populosa, mas era uma jovem de Nazaré, uma vila sem importância, prometida em casamento ao jovem José, que segundo a tradição era carpinteiro, vivia de seu trabalho. A pobreza de Maria é um elemento fundamental para se pensar teologicamente sua condição como mãe do Salvador.

Ao sintetizar em si as condições de escassez em que viviam os pobres e as mulheres, Maria se torna uma pessoa simples. Carrega o fardo da humanidade deixada à privação e torna-se destinatária da graça de Deus que nela expressa sua preferência pelos pobres. Teologicamente, a pobreza material e existencial de Maria é um sinal para a Igreja. Como modelo da Igreja, Maria é aquela que viveu sua vida no trabalho, na pequenez, com os pequenos da sociedade, lugar em que a Igreja deve estar e a partir do qual deve pensar. Pastoralmente, a pobreza que é expressa em Maria, é antes de tudo uma interpelação ao agir da Igreja. A fé cristã não ambiciona o poder, mas age em função dos pobres, para os pobres e com os pobres. A devoção popular enfatiza a pobreza de Maria em suas múltiplas manifestações, colocando em evidência a capacidade da Virgem de se inculturar nas mais diversas regiões do mundo, assumindo as características e as adversidades dos povos.

Pensar Maria como mãe e observar as implicações concretas que esta maternidade, repleta de características distintas, tem para a fé faz-se necessário na medida em que Maria é uma marca da fé da Igreja. O fato de Maria ser sinal da fé é resultado de sua maternidade: Maria é Maria pelo fato de ser mãe. A maternidade de Maria torna-a uma pessoa especial na história da salvação e abre espaço para pensar teológica, pastoral e devocionalmente a Mãe de Jesus. Sua maternidade, repleta de humanidade, de fé, de humildade e pobreza, aponta para a vida cristã um testemunho fundamental. O fato de o Concílio Vaticano II ter apontado Maria como modelo da Igreja, o povo de Deus, permite pensar a comunidade dos seguidores de Jesus em relação ao testemunho de fé que lhes foi legado por Maria, a Mãe de Jesus e Mãe da Igreja: "Modelo do povo de Deus é Maria , a Virgem da escuta que 'guardava todos esses acontecimentos, meditando-os em seu coração' (Lc 2,19)".[22] Pensar a maternidade de Maria é o caminho para o que se segue: pensar Maria como educadora da fé.

22 PONTIFÍCIO CONSELHO PARA A PROMOÇÃO DA NOVA EVANGELIZAÇÃO. **Diretório para a Catequese**. São Paulo: Paulus, 2020, n. 283.

**Para responder:**

1. Qual é a importância da maternidade de Maria em relação a Jesus Cristo e o seu mistério?

## 2. A educação da fé ao estilo mariano

A fé está relacionada com a revelação de Deus no mundo: Deus toma a iniciativa de se revelar, de se mostrar e de se tornar conhecido ao ser humano. A fé nasce da experiência que o ser humano faz de Deus que se revela. A fé, portanto, é um elemento constitutivo da religião na medida em que ela é a abertura do ser humano à revelação de Deus na história. O ato de fé, mais do que a aceitação de verdades formuladas racionalmente pela teologia, é uma postura assumida pelo ser humano diante de Deus que se mostra em suas palavras e ações na história.[1] Por sua vez, a educação da fé não é uma experiência intelectual, trata-se de uma vivência espiritual, de um encontro pessoal com Deus: "a educação da fé exige de cada um a abertura para o encontro e a participação no mistério de Deus".[2]

1 ALBERICH, E. **Catequese evangelizadora**. Manual de catequética fundamental. Adaptação para o Brasil e a América Latina: P. Luiz Alves de Lima. São Paulo: Editora Salesiana, 2004, p. 134.

2 CARVALHO, H. R., SILVA, A. W.C A **catequese como educação da fé**. São Paulo: Paulus, 2021, p. 12.

A Constituição Dogmática *Dei Verbum* ressalta o fundamento último da teologia da revelação que é indispensável para compreender a figura de Maria em sua integralidade e participação no evento da revelação. A constituição enfatiza que dada a liberdade de Deus e sua bondade, ele mesmo se revela e dá a conhecer a sua vontade, especialmente por meio de Jesus Cristo. Deus, desta forma, abre um diálogo com o ser humano, falando com os homens e mulheres como se fala a um amigo.[3] O diálogo de Deus com a humanidade possui um caráter histórico, desde a criação até a consumação, atingindo sua plenitude em Jesus Cristo. Deus não cessa de mostrar-se, de deixar conhecer aquilo que deseja para a humanidade, de convidar os seres humanos a participarem da comunhão com ele e da salvação que dela nasce.[4]

Pensar a revelação a partir do diálogo entre Deus e a humanidade implica algumas questões prévias que devem ser esclarecidas. Em primeiro lugar, se a revelação é um diálogo entre Deus e a humanidade, como podem resultar deste diálogo compreensões tão diversas da vontade de Deus? Em segundo lugar, se a revelação é um diálogo que se dá na história, como é possível que aquilo que outrora foi tomado como verdade hoje seja rejeitado como costume pitoresco? Ao revelar-se, Deus esclarece seu plano de salvação e plenitude. Como conciliar esta revelação com a condição de sofrimento que ultrapassa a história? Essas e outras tantas questões tocam a base da teologia da revelação e não podem almejar serem respondidas com facilidade. Entretanto, para que se compreenda adequadamente o lugar de Maria na

3 VATICANO II. **Constituição Dogmática Dei Verbum sobre a Revelação**. São Paulo: Paulus, 1997, n. 2.

4 Ibid. n. 3-6.

história da salvação e se esclareça o seu papel como educadora da fé, é preciso passar por essas questões.

A religião não se percebe como uma construção estritamente humana, mas como uma experiência do divino que é acolhida e gradativamente sistematizada. A religião é o resultado da percepção do divino que se manifesta. Sendo percepção do divino que se manifesta, pode-se concluir, que a iniciativa de se mostrar ao mundo é do divino: é Deus mesmo que toma a iniciativa de deixar-se encontrar no mundo, para ser experimentado e conhecido.[5]

O revelar-se de Deus no mundo não está isento de historicidade. A revelação acontece na história e assume a dinâmica do mundo em sua constante progressão e conflitividade. A revelação não é um dado mágico, um conjunto de informações que Deus transmite à humanidade como um ditado, mas é um processo no qual o ser humano, empenhado na busca pela verdade e pelo sentido, se permite perceber o agir de Deus na história sem se extraviar da contextualização própria que isso implica.[6] Isso explica por que ao longo do tempo a revelação e seu conteúdo foram compreendidos de formas tão diversas. A revelação é um processo que se dá na história, que se permite tocar pela contingência do mundo. É essa fragilidade da própria revelação que não se apresenta como imposição que a torna tão importante e concede a Maria a possibilidade de, em sua humanidade pequena e esquecida em Nazaré, tornar-se a portadora da plenitude da revelação de Deus.

5 QUEIRUGA, A. **Repensar a Revelação**: a revelação divina na realização humana. São Paulo: Paulinas, 2010, p. 25.

6 GONÇALVES, P. S. L. **A relação entre Antropologia e Teologia em perspectiva libertadora**. São Paulo: Recriar, 2020, p. 30-31.

O caráter histórico e contextual da revelação permite que a experiência de Deus, antes de ser escrita, seja vivida, interpretada e desenvolvida em um contexto histórico e cultural específico. O processo de verbalização da revelação é uma parte bastante complexa e desenvolvida da experiência de Deus, que antes de ser traduzida em palavras, especialmente contidas na Bíblia, foi uma experiência comunitária, marcada por tradições culturais e orais que lhe conferiram algum tipo de linguagem capaz de expressar aquilo que foi experimentado.[7] O processo de verbalização da revelação justifica alguns textos tido como sagrados e algumas leis e costumes que com o passar do tempo foram rejeitados. No ato de tornar a experiência de Deus uma mensagem, os escritores não puderam escapar de sua cultura e de seu mundo. Muitos elementos tidos como leis promulgadas por Deus estão mais relacionados ao mundo dos autores do que ao desejo de salvação expresso por Deus.

Esse desejo de salvação é contrário ao sofrimento presente no mundo. Se Deus deseja que os seres humanos conheçam sua vontade, e Ele revelou essa vontade em Jesus Cristo como bondade, amor, misericórdia, por que ainda há o sofrimento? Talvez esta seja uma das questões mais dolorosas para se responder no que se refere à teologia da revelação. O sofrimento, especialmente a dor do inocente, é uma das questões que atravessam a história da religião e, de certo modo, ainda continua sem resposta. O livro de Jó pretende argumentar sobre o assunto, evidenciando que o mal e a angústia do justo são causados pela maldade humana que despreza e despoja o pobre, relegando-o à condição sub-

7 QUEIRUGA, A. **Repensar a Revelação**: a revelação divina na realização humana. São Paulo: Paulinas, 2010, p. 31.

-humana de existência. O sofrimento, segundo a teologia bíblica, é fruto da injustiça humana que não se volta para o desejo de Deus.[8]

É a partir do sofrimento que surge a teologia da revelação que encontra repercussão em Maria e permite pensá-la como educadora da fé. O sofrimento, causado pela maldade humana e pelas estruturas injustas consolidadas pelos poderosos, leva a pensar a posição de Deus em relação ao mundo. O olhar atento sobre as ações e palavras pelas quais Deus se mostra faz perceber uma preferência de Deus pelos pequenos do mundo, por aqueles que estão nas periferias da existência, que são relegados ao segundo lugar. Diante do sofrimento injusto que é atribuído aos pequenos, Deus se mostra como defensor e justiceiro.[9] Deus também se mostra como aquele que é santo, aquele que está para além do ser humano, expressando essa santidade em atos de amor, misericórdia, perdão e reconciliação. A santidade e a potência de Deus se relacionam diretamente ao ato de salvar e redimir que são frutos de seu amor incondicional pela humanidade. [10]

A preferência pelos pequenos da parte de Deus dá lugar especial à Maria no interior da revelação. Ela em sua pequenez é chamada por Deus a participar de modo muito especial da história da salvação, sendo aquela que dá à luz ao Filho. A participação de Maria na história da salvação, via sua maternidade, é um sinal de que Deus que se mostra, que se deixa conhecer, utiliza-se de instrumentos pouco creditáveis aos olhos humanos para agir e se fazer presente.

---

8 GUTIÉRREZ, G. **O Deus da Vida**. São Paulo: Loyola, 1994, p. 197-198.

9 GUTIÉRREZ, G. **O Deus da Vida**. São Paulo: Loyola, 1994, p. 50.

10 Ibid. p. 52-53.

Maria, sendo a mãe de Jesus, simboliza a humanidade em sua fragilidade tomada de espanto pela graça salvadora de Deus que realiza, no interior desta natureza frágil e incompleta que é o humano, a obra da salvação. O *Magnificat*, ao expressar "fez em mim grandes coisas", denota o reconhecimento de Maria ao agir salvador e revelador de Deus que se utiliza da fragilidade humana para tocar a história. Ela reconhece que aquilo que Deus faz é grande a ponto de ser impossível descrever adequadamente. Por isso, o canto como expressão deste maravilhar-se diante da ação divina.[11]

A ação divina e sua revelação não ultrapassam a ação humana. Há em Maria um caráter ativo e participativo no projeto de Deus. Existe, necessariamente, por parte do ser humano, o imperativo da acolhida. Os bens que Deus realiza em Maria são possíveis devido à postura acolhedora da jovem de Nazaré. A revelação de Deus não se impõe, ela não é uma força capaz de aniquilar a liberdade e a vontade humana. A revelação, compreendida segundo a Constituição Dogmática *Dei Verbum* como diálogo amigável e salvífico, implica por parte do ser humano uma postura de acolhida e recepção.[12] A acolhida da revelação e da ação de Deus é uma acolhida do mistério. É uma acolhida incondicional que implica enfrentar momentos de incompreensão, trevas e dúvidas. A postura de Maria como mulher que acolhe, que pronuncia seu sim, não está isenta, em seu caminho ao lado de Jesus, de momentos de dúvidas e incompreensões. O sim humano ao projeto de Deus implica postura de

---

11 LUTERO, M. **Magnificat**: o louvor de Maria. Aparecida: Editora Santuário; São Leopoldo: Editora Sinodal, 2015, p. 62-64.

12 FORTE, B. **Teologia da história**: Ensaio sobre a revelação, o início, e a consumação. São Paulo: Paulus,1995, p. 165.

questionamento e também de resignação diante da ação de Deus. É nesse âmbito de compreensão que "o fiat de Maria é a resposta plena da fé (cf. Lc 1,26-38)".[13]

O sim de Maria é sucedido no relato evangélico pelo episódio de sua visita à casa de Isabel. Maria sai de sua residência e vai ao encontro de sua prima idosa grávida para auxiliá-la nos deveres da casa. Esta postura ressaltada pelo evangelista Lucas mostra Maria como aquela servidora que, respondendo à sua vocação e aceitando sua missão de gerar o Filho de Deus, antes de assumir para si privilégios, coloca-se à disposição dos outros, evidenciando a postura de Deus que se coloca a serviço da humanidade. O sim de Maria deve ser modelo para todo cristão, de modo particular para os catequistas, na perspectiva da transformação de uma sociedade justa, fraterna e solidária.[14] A Virgem que se coloca à disposição do projeto de Deus não faz distinção entre o projeto do Pai e a necessidade de colaborar com os irmãos e irmãs mais necessitados.[15] O gesto de serviço que Maria empreende ao encontrar-se com Isabel confronta a cultura do descarte dos idosos denunciada pelo papa Francisco e, também, interpela a Igreja a ser uma comunidade mais servidora.[16]

As características mencionadas até aqui reforçam a compreensão de Maria como educadora da fé a partir dos se-

---

13 PONTIFÍCIO CONSELHO PARA A PROMOÇÃO DA NOVA EVANGELIZAÇÃO. **Diretório para a Catequese**. São Paulo: Paulus, 2020, n. 159.

14 CARVALHO, H. R. **Espiritualidade do catequista**. São Paulo: Paulus, 2022, p. 120.

15 MURAD, A. **Maria**: toda de Deus e tão humana. São Paulo: Paulinas; Aparecida: Editora Santuário, 2012, p. 66.

16 FRANCISCO. **Carta Encíclica *Fratelli Tutti* sobre a Fraternidade Universal e a Amizade Social**. São Paulo: Paulus, 2020, p. 19.

guintes aspectos: Maria é a mulher pobre que em sua pobreza expressa a preferência de Deus; ela é a mulher aberta à revelação de Deus e acolhe o dom salvífico proposto pelo Pai; ela é a mulher do serviço humilde e disponível que deve ser modelo para a Igreja. A partir destes aspectos se refletirá a respeito de Maria como educadora da fé, como modelo de catequista que reconhece as preferências de Deus, acolhe a revelação e coloca-se à disposição da comunidade cristã com gratuidade e alegria.

Como educadora da fé, Maria destaca a pobreza em suas diversas condições para a reflexão eclesial e pastoral. Ao se compreender como pobre e viver uma vida pobre, Maria é modelo para a Igreja que em sua condição de testemunha do Reino não deve se aliar aos poderes políticos e econômicos, mas deve sempre estar ao lado e com os pobres. A pobreza de Maria, seja ela material ou como compreensão da natureza humana em sua fragilidade e limitação, convoca a comunidade cristã a aprender a simplicidade como estilo de vida. As constantes chamadas do papa Francisco para uma Igreja mais pobre, mais despojada, que não se fecha sobre si mesma, mas que vai ao encontro das pessoas nas periferias, são resultados de um aprendizado da fé que passa por Maria.[17] A fé educada sob a orientação de Maria não pode prescindir da pobreza como elemento constitutivo. A pobreza, a simplicidade, a austeridade, a recusa ao luxo e à ostentação, ao poder e à dominação são elementos que estão na base da fé cristã compreendida como estilo de vida, mais do que como doutrina que deve ser aprendida.

---

17 FRANCISCO. **Exortação Apostólica Evangelii Gaudium sobre o anúncio do evangelho no mundo atual**. São Paulo: Paulus, 2013, n. 48-49.

A catequese da Igreja na contemporaneidade, mais do que transmitir verdades abstratas e conceitos universais, deve inserir o cristão no mundo dentro do qual ele é chamado a testemunhar a sua fé. A fé em Jesus Cristo, aprendida também com o testemunho de Maria, é uma experiência de Deus que leva em consideração a pobreza humana em suas múltiplas dimensões. Ser pobre não significa ser inimigo da riqueza, mas sim adepto da justiça, da igualdade, do reconhecimento do outro em sua condição de ser humano e em seu direito de uma vida digna. A catequese que aprende e educa a partir de Maria leva em consideração a pobreza cristã como uma virtude que impede a instalação de estruturas injustas e a idolatria do dinheiro por parte dos cristãos. É preciso aprender de Maria a fé que vive e olha sem medo para a pobreza.

Ainda pensando em Maria como educadora da fé, um dos atributos mais significativos de sua personalidade é sua abertura a Deus. Maria é uma mulher que soube perceber e acolher a ação de Deus na história. A abertura de Maria ao projeto do Pai é o passo primordial para que a fé cristã seja autêntica. A fé não é fruto de uma reflexão, mas de um encontro. Retomando as palavras do papa Bento XVI, a fé não se origina de uma reflexão, mas do encontro com a pessoa de Jesus Cristo.[18] Para que este encontro seja frutuoso e profundo, há uma necessidade de abertura para que Jesus Cristo, revelador do Pai, interpele o profundo do ser humano. A relação que se estabelece com o outro, seja ele Jesus ou os irmãos, é profunda à medida que aquele que se apresenta a mim como

18 BENTO XVI. **Carta Encíclica *Deus Caritas Est* sobre o amor cristão**. São Paulo: Paulinas, 2011, n. 1.

outro interpela minha existência, me desacomoda, me faz pensar a mim mesmo sob nova perspectiva.[19]

A catequese, que aprende de Maria a importância do encontro com Jesus Cristo, redescobre a sua centralidade, retoma aquilo que lhe é mais enriquecedor. Uma catequese cristã autêntica, antes de expor somente uma doutrina logicamente ordenada, promove, de diversos modos, o encontro com Jesus e seu projeto de salvação que está presente nos desígnios do Pai desde sempre. O Diretório para a Catequese promulgado pelo papa Francisco, enfatiza a relação entre catequizar e evangelizar. A catequese está sempre a serviço da evangelização, do fazer presente a experiência de Jesus, de promover um encontro.[20] Maria coloca em evidência a promoção deste encontro com Deus: ela se abre para o encontro, se faz disponível, se deixa tocar por Deus e seu projeto. Como educadora da fé, a postura de abertura e acolhida do mistério de Deus é de fundamental importância para que a fé cristã se desenvolva de modo autêntico no fiel cristão, particularmente no catequista.

De Maria como educadora da fé ainda se aprende uma outra e elementar atitude: o serviço. Tendo o Concílio Vaticano II apresentado Maria como modelo da Igreja, faz-se necessário segui-la nesta atitude de serviço e doação aos que mais necessitam. A Igreja não existe para si mesma, nem para promover-se, mas ela existe em função dos outros, para levar a vida dada por Jesus aos outros. O

19 LEVINÁS, E. **Violência do Rosto**. São Paulo: Loyola, 2014, p.28.

20 PONTIFÍCIO CONSELHO PARA A PROMOÇÃO DA NOVA EVANGELIZAÇÃO. Diretório para a catequese. Brasília: Edições CNBB, 2020, n. 28.

chamado do papa Francisco para uma saída missionária da Igreja em direção aos outros está estritamente relacionado à experiência do serviço desempenhada por Maria. Ela não se apoderou o direito de se ausentar dos seus afazeres por estar gestando o Filho de Deus, mas ao contrário, ela saiu ao encontro dos que precisavam. Esta é a cultura do serviço que a Igreja deve adotar, levando com alegria a boa-nova da salvação aos que dela necessitam. Saiamos, insiste o papa Francisco, saiamos para anunciar aquilo que recebemos, para dar aos outros o dom da salvação que nos foi dado.[21]

Pensar Maria como educadora da fé é um convite a todos os cristãos e cristãs, especialmente catequistas e agentes de pastoral, a refletir sobre a postura da Igreja em relação à missão que lhe é confiada pelo Senhor. Como educadora, Maria ensina a cada cristão que o seguimento de Jesus, o discipulado consciente, é constitutivo da própria fé, é resposta dada a Deus que se revela na história e interpela o ser humano à vida plena de comunhão e salvação. Maria como educadora da fé é o sinal que ajuda a pensar o encontro de cada cristão com o projeto de Deus e assumir a sua responsabilidade como participante deste mesmo projeto. Ela é a educadora da fé porque cuida para que o evangelho faça parte da vida de cada um de nós, produzindo frutos de bondade, generosidade, simplicidade e santidade.[22]

---

21 FRANCISCO. **Exortação Apostólica *Evangelii Gaudium* sobre o anúncio do evangelho no mundo atual**. São Paulo: Paulus, 2013, n. 49.

22 CNBB. **Catequese renovada**. Documento 26. São Paulo: Paulinas, 2009, n. 232.

**Para responder:**

Que atitudes Maria, educadora da fé, inspira para sua vida e missão de catequistas?

# 3. A mistagogia refletida a partir de Maria

A catequese na contemporaneidade tem enfatizado a necessidade de se superar a transmissão doutrinal em vista da promoção de uma experiência com a pessoa de Jesus Cristo.[1] Os documentos sobre a catequese que foram publicados desde o Concílio Vaticano II acentuam que a transmissão da fé parte de uma experiência pessoal do evangelizador. Esta mudança radical em relação ao estilo de catequese que se desenvolvia até os anos 1960 ganhou corpo na América Latina, particularmente no Brasil, em que a catequese passou a ser pensada em conjunto com a ação evangelizadora e social da Igreja. Ela busca inserir o catequizando na vida e na atividade de sua comunidade, a fim de que ele possa experimentar a fé e colocá-la em prática, especialmente no cuidado com os mais vulneráveis.[2]

---

1 PONTIFÍCIO CONSELHO PARA A PROMOÇÃO DA NOVA EVANGELIZAÇÃO. **Diretorio para a catequese**. Brasília: Edições CNBB, 2020, n. 75.

2 CONFERÊNCIA NACIONAL DOS BISPOS DO BRASIL. **Diretório Nacional de Catequese**. São Paulo: Paulinas, 2006, n. 34.

O desenvolvimento dos estudos sobre a catequese promoveu a redescoberta da mistagogia como elemento fundamental para se compreender integralmente o mistério da fé. Inserido no movimento de volta às fontes, o movimento catequético e litúrgico recuperou as antigas homilias mistagógicas do período patrístico e se considerou à importância deste processo na consolidação da fé. Compreende-se por patrístico o período do terceiro ao quinto séculos. Nele foram realizados vários Concílios ecumênicos que definiram os principais dogmas do cristianismo. Os grandes teólogos e defensores da fé desse tempo são chamados de padres da Igreja, pais da Igreja ou Santos padres.

Entretanto, ainda hoje não existe consenso na definição do conceito e na prática da mistagogia. Muitos autores tentam definir de modo universal o que seria a mistagogia e como seria sua prática nos primórdios da Igreja. Porém, o que se pode afirmar são algumas aproximações que colaboram para certa sistematização do conceito e da prática da mistagogia.[3]

A mistagogia, segundo os estudiosos, ocorre especialmente no século IV. Um século de mudanças na Igreja, tanto nos âmbitos organizacionais como também litúrgicos e catequéticos. O século IV é caracterizado pelos padres da Igreja que deixaram marcas na história pelo seu pensamento e suas obras: Ambrósio de Milão, Cirilo de Jerusalém, Teodoro de Mopsuéstia, entre outros, criaram textos explicativos sobre os sacramentos de iniciação, especialmente o Batismo e a Eucaristia.[4] Esses textos são resultados de algu-

---

3 MAZZA, E. **A mistagogia**: as catequeses litúrgicas do fim do século IV e seu método. São Paulo: Loyola, 2020, p. 17-18.

4 Ibid. p. 13-14.

mas homilias e catequeses que eram ministradas na proximidade da recepção dos sacramentos de iniciação, normalmente eram proferidas na época da quaresma e da Páscoa, com o intuito de instruir os cristãos sobre os sacramentos que receberam ou estavam prestes a receber.[5]

O termo mistagogia foi utilizado largamente por autores cristãos e não cristãos e fez referência a diversos significados. Ele tem raiz grega, foi utilizado por autores de língua grega, especialmente ligados à filosofia platônica que flertava constantemente com a ideia de mistério a ser descoberto, desvelado.[6] A filosofia platônica era fortemente influente no cristianismo primitivo, principalmente em Alexandria, região na qual a mistagogia e a escola catequética são de grande importância para a vida da Igreja Antiga. Porém, é com os padres capadócios que o termo "mistagogia" foi aplicado diretamente aos sacramentos, seja fazendo referência aos sacramentos em si, compreendidos como mistérios, ou à catequese que era conferida aos neófitos, isto é, aos novos cristãos sobre estes sacramentos.[7]

De modo geral, relacionam-se com a mistagogia a catequese e a liturgia. A mistagogia não pode ser pensada sem essas duas realidades eclesiais, pois ela faz referência ao mistério e o explica, mas também só adquire sentido real porque o celebra. No pensamento patrístico não há separação entre a catequese e a liturgia. Aquilo que é explicado é celebrado e o que é celebrado é também explicado aos catequizandos. Toda a catequese da comunidade primitiva estava inserida nesta dinâmica em que o fiel era chamado

5 Ibid. p. 19.

6 Ibid. p. 20.

7 Ibid. p. 21.

a celebrar e compreender aquilo que era celebrado e, ao mesmo tempo, celebrar aquilo que pouco a pouco passava a compreender: "A mistagogia traduz-se numa pedagogia própria, isto é, inspirada na pedagogia divina. Envolve a pessoa desde o processo de inserção na vida cristã até o seu encontro definitivo com o Senhor da vida e da história".[8]

A expressão "*lex orandi lex credendi*" (a lei da oração é a lei da fé), que se pode compreender como "oramos como cremos e cremos como oramos", traduz de maneira precisa o significado de uma catequese integrada à liturgia e, por sua vez, vivida no cotidiano e isso insere o catequista e o catequizando no mistério do Ressuscitado: "este conjunto de experiência de fé e de espiritualidade" denomina-se mistagogia.[9]

A mistagogia é um conceito estritamente relacionado à ideia de mistério. A própria origem da palavra mistagogia está relacionada à palavra mistério. Para os padres da Igreja primitiva, a ideia de mistério é fundamental. Frequentemente eles alegavam que para além dos textos escritos e dos ritos celebrados existiam significados que deveriam ser desvelados. O mistério, isto é, aquilo que está oculto e precisa ser descoberto pela fé à medida que se aprofunda, é o componente elementar para o encontro com a verdade e o sentido da vida. A experiência mística, a experiência do mistério, se deve ao fato de que há algo para além do que é visto.[10]

---

8 CARVALHO, H. R.; BARBOSA NETO, J. S. **Catequese, liturgia e mistagogia**. São Paulo: Paulus, 2022, p. 91-92.

9 CNBB. **Iniciação à vida cristã**: itinerário para formar discípulos missionários. 2017, n. 103.

10 GRIPP, B. Orígenes de Alexandria. In: LOSSO, E; BINGEMER, M. C; PINHEIRO, M. **A mística e os místicos**. Petrópolis: Vozes, 2022, p. 225-239.

O mistério na fé cristã não se remete somente ao que é desconhecido, mas está ligado à realidade mais íntima de Deus. Para a fé cristã a reflexão sobre o mistério se direciona para a realidade mais íntima e próxima de Deus que, apesar de se revelar, mantém-se sempre além daquilo que se pode compreender e experimentar dele. Algumas máximas elencadas por Félix Pastor, jesuíta, teólogo e escritor colaboram para o esclarecimento desta dinâmica. Para refletir sobre o mistério e sua relação com Deus no interior da fé cristã, é necessário esclarecer que para o cristianismo a possibilidade do conhecimento de Deus está expressa no símbolo da fé. Aquilo que é enunciado pelo símbolo apostólico ou o Credo sintetiza o conhecimento cristão a respeito de Deus revelado e experimentado. Estes símbolos da fé, criados em sua maioria no período patrístico, estão intimamente relacionados à mistagogia, uma vez que, recitados no interior da liturgia, traduzem em linguagem a experiência de Deus.[11]

É sempre importante ressaltar que o conhecimento de Deus, traduzido nas fórmulas teológicas e litúrgicas, considera a radical diferença entre Deus e o mundo criado, assumindo como método a analogia: tudo o que se conhece sobre Deus é pensado a partir do que se conhece sobre o mundo. Deus, em sua íntima essência, permanece sempre um mistério inalcançável e inesgotável. O falar sobre Deus e o refletir sobre Ele, são uma atividade racional que se dá no limiar entre o pensamento e o mistério, entre a razão e o seu limite.

Falar sobre o mistério na perspectiva da fé cristã é remeter o pensamento e a experiência ao contato profundo

11 PASTOR, F. **A lógica do inefável**. Aparecida: Editora Santuário, 2012, p. 83-84.

e íntimo com o próprio Deus. A experiência que cada fiel realiza de Deus e sua força de salvação é uma experiência do mistério que se manifesta ao ser humano a fim de fazer-se sentir. É importante ressaltar que o mistério de Deus que se desvela ao ser humano, antes de esclarecer e oferecer diretrizes estáticas para a vida, coloca diante dos olhos a complexidade da própria experiência de viver, com seus momentos de alegria, de felicidade, mas também com suas lutas, angústias e tristezas. A experiência da vida em toda sua complexidade e concretude apresenta-se diante do crente como o lugar do encontro com Deus que se revela, sempre misteriosamente, no interior desta mesma vida em toda sua radicalidade.[12]

A experiência do mistério, na fé cristã, está estritamente ligada à experiência de Deus que o cristão é chamado a realizar nas celebrações dos sacramentos, nas leituras da Escritura, na vida virtuosa e na própria ação pastoral. A experiência de Deus, que cada cristão é convidado a realizar em sua vida, torna-se mais clara se compreendida, refletida e percebida em seus momentos de júbilo e exaltação, como também em seus momentos de sofrimento e dúvida. Sendo uma experiência complexa e que escapa à racionalidade humana, faz-se necessário um processo, lento, gradual e orientado, para que o cristão possa compreender e viver com mais intensidade a sua relação com Deus em seu mistério. Isto é a mistagogia pensada em suas múltiplas dimensões. Dados os limites dessa reflexão, assume-se o conceito de mistagogia em suas linhas gerais: o conhecimento do mistério de Deus a partir de uma experiência com ele. Esta breve definição

---

12 GONÇALVES, P.S L. **Ontologia Hermenêutica e Teologia**. Aparecida: Editora Santuário, 2011, p. 98-99.

enquadra o que se pode pensar da mistagogia a partir do testemunho mariano relatado na Escritura e consagrado pela Tradição.

Maria é uma mulher que experimenta profundamente a Deus. Ela é uma mulher imersa em sua cultura e em seu tempo. Ela compartilha os anseios e as concepções de seu povo a respeito da intervenção de Deus na história para libertá-lo do sofrimento. O Messias que ela espera não é diferente da ideia que os outros judeus tinham de um messias político, poderoso e libertador.[13] A experiência que Maria faz de Deus é uma experiência situada e não pode ser pensada sem levar em consideração a religião de seu tempo. Certamente, ela não compreendeu muito bem quando o anjo lhe anunciou que ela seria mãe do Salvador, nem tampouco teve clareza de como seria a missão de Jesus e seu projeto de salvação. Há em Maria, como em todos os seres humanos diante do mistério divino, a dúvida, a incompreensão. Ela inclusive questiona como seria aquilo que lhe era narrado.[14]

Mesmo sem compreender aquilo que lhe era anunciado pelo anjo, Maria assume corajosamente o projeto. Ela dá seu sim. É o passo da fé. A fé não supõe um conjunto de certezas, mas uma adesão confiante a Deus que vem ao encontro do ser humano para lhe falar. Esta confiança de Maria é o passo inicial da fé. Ao se proclamar a fé, proclama-se aquilo que não se conhece em sua totalidade, mas que se experimenta em seu mistério.[15] Assim, o sim de Maria ao anúncio do anjo e à

---

13 MURAD, A. A Mãe-Maria e o amor materno. Ensaio de teologia existencial e multidisciplinar. In: **Revista Eclesiástica Brasileira**, Petrópolis, v.223, p. 531-562, setembro, 1996, p. 555.

14 BALTHASAR, H. Maria para hoje. São Paulo: Paulus, 2016, p.33-34.

15 MURAD, A. **Maria**: toda de Deus e tão humana. São Paulo: Paulinas; Aparecida: Editora Santuário, 2012, p. 54-56.

obra de Deus está intimamente ligado ao sim de cada cristão que aceita se colocar no caminho do seguimento de Jesus em sua radicalidade. Este sim é também o início de várias consequências que fazem parte do processo de inserção da pessoa no mistério de Deus. O sofrimento que se segue à aceitação do projeto de Deus que rompe as barreiras sociais, culturais e religiosas do judaísmo daquele período, é o momento em que Maria percebe que a colaboração na história da salvação não está isenta de sofrimento, de discriminação e rejeição.

É parte do caminho cristão aquilo que os místicos denominam "Noite Escura", aquele momento em que se experimentam a incompreensão, a rejeição, em que até o próprio Deus parece estar em silêncio, ausente. Maria certamente experimentou estes momentos, não só diante da cruz do Filho, mas no decorrer de sua vida. Os Evangelhos ressaltam o discipulado de Maria, sua perseverança junto aos apóstolos, mas permitem ler nas entrelinhas algumas situações que afetaram o modo e a relação de Maria com Jesus.[16]

O Evangelho de Marcos, mais antigo que os demais, restringe sua menção à Maria ao episódio no qual ela acreditava que Jesus havia perdido o juízo e foi, junto com os outros parentes, tentar prendê-lo e levá-lo de volta à casa.[17] Maria não compreendeu o que Jesus estava fazendo, tampouco aceitou facilmente as rupturas que ele inseriu no quadro familiar, cultural e religioso de seu tempo. Ao contrário do que se escreve poeticamente, Maria não teve tanta clareza quanto ao projeto de Jesus.

A noite escura da dúvida e do abandono também se apodera de Maria nas últimas horas da vida de Jesus. Aos pés

---

16 Ibid. p. 62-65.

17 Ibid. p. 38-40.

da cruz, vendo o filho ser crucificado, Maria pode ter sentido em seu coração aquilo que Jesus expressa com os lábios "Meu Deus, meu Deus, por que me abandonaste?".[18] Nossa Senhora das Dores, mais do que estimular a piedade para com o sofrimento de Cristo, deveria suscitar questões sobre os sentimentos de uma mãe que vê seu filho torturado e desprezado. Diante da cruz surgem as mais duras questões que se podem colocar para a fé: Se Deus é bondade, como pode permitir que o próprio Filho morra em situação tão degradante? Se Deus é bom, por que não evitou o sofrimento de Jesus? Se Jesus só fez o bem, por que está obrigado a morrer mesmo que inocente? Talvez Maria tenha feito essas perguntas. O Messias esperado com poder e glória agora estava agonizante em uma cruz, desprezado e abandonado pelos próprios seguidores, sentindo na alma o abandono do próprio Deus.

Ao relato da cruz, em seu mistério de dor e incompreensão, se segue o relato da ressurreição. Os evangelistas são cuidadosos ao colocar Maria nestes relatos. Ela que experimentou a cruz e a dúvida, agora, contempla e compreende que a ação de Deus se dá por caminhos não esperados. Ela vai ao túmulo, ela encontra o ressuscitado e ela se torna a primeira a anunciar, junto com Maria Madalena, que Deus age para além das forças da morte. Eis aqui o cume, o ápice, o topo do caminho mistagógico. A ressurreição é a compreensão mais alta de que a ação de Deus não se restringe à lógica humana, não está refém das teorias e explicações religiosas que se formulam para justificar o agir de Deus e dos seres humanos. O mistério da fé, o mistério pascal experimentado por Maria em sua radicalidade, tor-

18 Ibid. p. 96-97.

na-se o núcleo de uma mistagogia que, partindo da experiência da vida, leva o fiel a contemplar a ação de Deus que supera todo entendimento humano e é capaz de conduzir a história ao bom termo desejado.

Maria como mistagoga é o modelo de quem experimenta o mistério e vai gradativamente compreendendo, apesar das incompreensões que o mistério de Deus carrega consigo. Relacionar Maria à mistagogia cristã pode ser sintetizado na compreensão da Mãe de Jesus como aquela que progride calmamente no caminho da fé, sem se desviar das dúvidas, sem deixar de enfrentar os momentos de solidão e escuridão que a fé cristã também enfrenta. Ela sugere aquilo que cada cristão é chamado a viver em sua caminhada de fé rumo ao encontro com o mistério de Deus. Ela testemunhou a vida cristã marcada pela dinâmica pascal na qual a vida sempre se sobrepõe à morte, mesmo que, por vezes, a morte pareça ter a palavra definitiva.

A experiência do mistério divino realizada por Maria marca a experiência de Deus de cada pessoa que se disponibiliza a viver a aventura da fé. A mistagogia consiste, segundo pode-se perceber em Maria, no olhar atento para a vida em que Deus se revela para além daquilo que se pode ver, nas entrelinhas da vida experimentada em sua plenitude: "A catequese mistagógica leva o catequizando a fazer a experiência dos símbolos e gestos celebrados não apenas como elementos pertencentes a este mundo, mas, aos olhos da fé como realidades divinas. É como uma passagem do visível ao invisível".[19]

---

19 ALVES DE LIMA, L. **A catequese do Vaticano II aos nossos dias**. São Paulo: Paulus, 2016, p. 102.

## Para responder:

1. A mistagogia tem a ver com a participação no mistério de Cristo. A vida cristã consiste em deixar-se envolver por ele, desde o batismo até o encontro definitivo com o Senhor. Como Maria viveu este processo mistagógico?

# Considerações finais

Maria é modelo distinto dentre as pessoas que marcam a vida de Jesus e a vida da Igreja. Dada sua união com Cristo, ela é a pessoa exaltada como modelo da Igreja, segundo a afirmação do Concílio Vaticano II. Neste sentido, Maria é lembrada e exaltada em função de Jesus Cristo. Tudo o que se pode dizer de Maria só é possível mediante a ação de Deus em Jesus Cristo. Já os Concílios da Antiguidade enfatizavam a importância de Maria em função de Jesus Cristo. A própria afirmação de Maria como Mãe de Deus se desenvolve dentro do progresso da fé a respeito da pessoa de Jesus Cristo e sua natureza divina e humana. Maria, para a fé cristã, especialmente para a Igreja Católica, possui seu lugar e sentido à luz de Jesus Cristo, e não pode ser pensada sem levar em consideração o seu Filho, único mediador entre os homens e Deus.

Sob esta perspectiva, a reflexão que aqui se desenvolveu desejou trazer Maria ao centro do pensar teológico, pastoral e devocional e sua importância no processo catequético. No âmbito da teologia, Maria foi refletida no contexto da história da salvação que se dá no ato da revelação de Deus e seu desejo de salvação para todo gênero humano. Deus se revela e mostra seus desígnios de salvação para a humanidade, utilizando-se dos meios históricos e culturais de cada época e lugar para encontrar-se com os seres humanos. Maria foi uma das protagonistas deste agir de Deus. Uma mulher pobre e esquecida de Nazaré foi escolhida pelo Pai para gerar o Filho. Tal escolha, tem muito a dizer para a teologia cristã. Ela expressa o lado que Deus quer estar, a posição que Deus assume desde sempre: o lado dos pobres. É ao lado dos pobres e com os pobres que Maria, mulher, humilde, servidora, mãe de família e marginalizada pela religião e pela sociedade, se torna ícone das mulheres de todos os tempos e lugares que, dominadas por estruturas tão pouco evangélicas, encontram força, auxílio, amparo e esperança.

Pastoralmente, Maria foi pensada como catequista, educadora da fé como aquela que de uma forma ou outra, por meio de sua vida, é mestra da Igreja. Como educadora da fé, Maria faz o percurso de cada cristão que se aventura a viver com intensidade o seu encontro com Cristo. Ela educa com sua humildade, com sua discrição, com sua confiança na vontade do Pai e com a sua incompreensão dessa mesma vontade. Maria educa os cristãos por sua humanidade. A Igreja, assumindo Maria como modelo, deve deixar-se ser educada por ela, assumindo uma postura de humildade, de reconhecimento de sua pequenez, de abertura, acolhida e serviço, de contemplação silenciosa do mistério de Deus que se dá no oposto da história por caminhos incompreensíveis. Maria é essa educadora que por meio de sua experiência de

Deus se torna modelo da experiência cristã, sendo catequista pelo testemunho de uma fé vivida de modo exemplar.

Devocionalmente, Maria pode ser compreendida como mistagoga, como aquela que aponta para o mistério, que ajuda os cristãos a compreenderem o mistério de sua fé. A mistagogia que surge de Maria é uma mistagogia existencial. Antes de ser um processo organizado e estruturado com um conjunto de verdades e certezas, a fé de Maria é processual. Aos poucos ela se aproxima e compreende o mistério de Deus, mesmo nas incompreensões. A dor e o sofrimento que ela experimenta ao longo de sua trajetória são também meios pelos quais se pode encontrar Deus. O sofrimento, a dúvida, "a noite escura da fé" que ela vive tão intensamente, apontam para a vida, a vitória de Deus sobre o sofrimento e a morte. Maria é mistagoga não por explicar com palavras ou tratados o mistério de Deus, mas por viver com intensidade este mistério, apontar para os absurdos que ele comporta e confirmar com a experiência do encontro com Cristo ressuscitado que o sim dito no início não foi esquecido por Deus.

Falar de Maria como mulher, mãe, catequista e mistagoga, é muito significativo para a fé cristã, especialmente para aqueles que se dedicam a transmitir essa fé de geração em geração. Aprender de Maria a postura de amor, de discrição, de doação, de serviço e de fidelidade mesmo diante do sofrimento, de confiança no projeto de Deus mesmo que ele escape à razão humana, é um meio pelo qual muitos catequistas podem alimentar sua vida interior e tornar a transmissão da fé muito mais eficaz e convincente. Maria vive sua fé com intensidade a partir de uma experiência. Ela vive sua fé no centro de um encontro com Deus que por vezes é confuso, obscuro, mas que aponta para o triunfo da vida. Cada catequista é chamado a pensar a sua missão a partir do encontro sempre vivo com o mistério de Deus que se dá na vivência dos acontecimentos de cada dia e de cada momento da história de cada um de nós.

# Bibliografia


ALBERICH, E. **Catequese evangelizadora**. Manual de catequética fundamental. Adaptação para o Brasil e a América Latina: P. Luiz Alves de Lima. São Paulo: Editora Salesiana, 2004, p. 134.

ALVES DE LIMA, L. **A catequese do Vaticano II aos nossos dias**. São Paulo: Paulus, 2016.

BALTHASAR, H. **Maria para hoje**. São Paulo: Paulus, 2016.

BENTO XVI. **Carta Encíclica *Deus Caritas Est* sobre o amor cristão**. São Paulo: Paulinas, 2011.

BOFF, C. M. **Mariologia social**: o significado da Virgem para a Sociedade. São Paulo: Paulus, 2017.

CAPELLI, M. **Por uma teologia ficcional**: a (des)contrução teológica na reescritura bíblica de José Saramago. 2017. Tese de Doutorado em Teologia. Pontifícia Universidade Católica do Rio de Janeiro. Rio de Janeiro, 29 de agosto de 2017.

CARVALHO, H. R. **Espiritualidade do catequista**. São Paulo: Paulus, 2022.

CARVALHO, H. R., BARBOSA NETO, J. S. **Catequese, liturgia e mistagogia**. São Paulo: Paulus, 2022.

CARVALHO, H. R., SILVA, A. W.C **A catequese como educação da fé**. São Paulo: Paulus, 2021.

CNBB. **Diretório Nacional de Catequese**. São Paulo: Paulinas, 2006.

CNBB. **Catequese renovada.** Documento 26. São Paulo: Paulinas, 2009.

CNBB. **Iniciação à vida cristã**: itinerário para formar discípulos missionários. 2017.

CNBB. **Comunidade de comunidades**: uma nova paróquia. A conversão pastoral da paróquia. Brasília: Documentos da CNBB 100. Brasília: 2014.

DEL GAUDIO, D. **Maria de Nazaré**. Breve Tratado de Mariologia. São Paulo: Paulus, 2016.

ESPONTON, C. H. Mística e condição de criaturalidade: uma leitura do Livro X das Confissões de Santo Agostinho. In: Colóquio internacional: Além das filosofias continentais e dos cristianismos coloniais. V. 5, 2022, Campinas. **Anais do PPGCR da PUC-Campinas**, Campinas, 2022.

FORTE, B. **Teologia da história**: Ensaio sobre a revelação, o início, e a consumação. São Paulo: Paulus,1995.

FRANCISCO. **Carta Encíclica *Fratelli Tutti* sobre a Fraternidade Universal e a Amizade Social**. São Paulo: Paulus, 2020.

FRANCISCO. **Exortação Apostólica *Evangelii Gaudium* sobre o anúncio do evangelho no mundo atual**. São Paulo: Paulus, 2013.

FRANCISCO. **Explorar o trabalhador é pecado mortal**. Homília proferida na missa do dia 5 de maio de

2018. Disponível em: https://www.vaticannews.va/pt/papa-francisco/missa-santa-marta/2018-05/papa--santa-marta-exploracao-trabalho-pecado-mortal.html . Acesso em 04/01/2023.

GEBARA, I; BINGEMER, M.C. **Maria, mãe de Deus e mãe dos pobres**: Um ensaio a partir da mulher e da América Latina. Petrópolis: Vozes, 1987.

GONÇALVES, P. S. L. **A relação entre Antropologia e Teologia em perspectiva libertadora**. São Paulo: Recriar, 2020.

GONÇALVES, P.S L. **Ontologia Hermenêutica e Teologia**. Aparecida: Editora Santuário, 2011.

GUTIÉRREZ, G. **O Deus da Vida**. São Paulo: Loyola, 1994.

LEVINÁS, E. **Violência do Rosto**. São Paulo: Loyola, 2014.

LOSSO, E; BINGEMER, M. C; PINHEIRO, M. **A mística e os místicos**. Petrópolis: Vozes, 2022.

LUTERO, M. **Magnificat**: o louvor de Maria. Aparecida: Editora Santuário; São Leopoldo: Editora Sinodal, 2015.

MAZZA, E. **A mistagogia**: as catequeses litúrgicas do fim do século IV e seu método. São Paulo: Loyola, 2020.

METZ, J. B. **Teologia do Mundo**. Lisboa: Moraes Editores,1969.

MURAD, A. A Mãe-Maria e o amor materno. Ensaio de teologia existencial e multidisciplinar. In: **Revista Eclesiástica Brasileira**, Petrópolis, v.223, p. 531-562, setembro, 1996.

MURAD, A. **Maria: toda de Deus e tão humana**. São Paulo: Paulinas; Aparecida: Editora Santuário, 2012.

PASTOR, F. **A lógica do inefável**. Aparecida: Editora Santuário, 2012.

PONTIFÍCIO CONSELHO PARA A PROMOÇÃO DA NOVA EVANGELIZAÇÃO. **Diretório para a catequese**. São Paulo: Paulus, 2020.

QUEIRUGA, A. **Repensar a Revelação**: a revelação divina na realização humana. São Paulo: Paulinas, 2010.

SARAMAGO, J. **O Evangelho segundo Jesus Cristo**. São Paulo: Companhia das Letras, 2005.

VATICANO II. **Constituição Dogmática *Dei Verbum* sobre a Revelação**. São Paulo: Paulus, 1997.

VATICANO II. **Constituição Dogmática *Lumem Gentium* sobre a Igreja**. São Paulo: Paulus, 1997.